OBSERVATIONS
SUR LES RAPPORTS

PRÉSENTÉS

AU ROI ET AUX DEUX CHAMBRES,

ET SUR LES BUDJETS DE 1815.

A PARIS,

DE L'IMPRIMERIE DE D'HAUTEL,
Rue de la Harpe, N°. 80.

1814.

OBSERVATIONS
SUR LES RAPPORTS
PRÉSENTÉS
AU ROI ET AUX DEUX CHAMBRES,
ET SUR LES BUDJETS DE 1815.

Mon premier Mémoire étoit publié, lorsque les Rapports présentés au Roi et aux deux Chambres, et les Budjets de 1814 et 1815 ont paru. Comme on ne s'étoit pas attendu à obtenir cette année une diminution dans les impôts, je me bornerai à ce qui concerne 1815.

J'ai démontré que chaque année, sous le régime impérial, des portions immenses de la recette et de la dépense non portées sur les Budjets, avoient été compensées par les diverses Administrations, et qu'on s'en étoit à peine aperçu, à cause de l'espèce d'équivoque qui existe, faute de réflexion, entre la recette brute et le produit net; que, cependant la dépense du Gouvernement ne se compose pas seulement des sommes acquittées par son trésor, mais encore de celles payées de son aveu et pour son compte par ses Agens, de leurs taxations et frais de bureau, de même que l'impôt est la réunion de tout ce qui a été perçu sur les contribuables. Aussi après avoir présumé que le revenu seroit de 605,596,416 fr. et les dépenses de 543,012,666 fr., sommes à-peu-près égales au Budjet de 1815, j'avois prévu la possibilité de tout excédant non compris dans le vote, et dont il ne seroit compté que d'une manière informe, en rappelant le mode employé en 1789 par M. Necker. En effet, les Représentans de la Nation ne pourroient pas, suivant le vœu de leur mandat, se renfermer dans le cercle des sommes strictement nécessaires au Gouvernement, et voter les économies dont les divers systêmes seroient susceptibles, si, par l'effet de dénominations, ils ne connoissoient que d'une partie des dépenses, et l'étendue du tribut que par le produit net versé dans le trésor.

Dans ses comptes antérieurs à 1789, M. Necker avoit adopté un système à-peu-près semblable : c'étoit un vrai dédale. C'est pourquoi le public, toujours enclin à tourner en plaisanterie les objets les plus sérieux, appeloit ses Budjets, *comptes* ou *contes bleus*. L'Assemblée constituante demanda au Directeur-général un état où toutes les recettes et dépenses fussent classées par ordre, sans morcellement ni report d'une administration à l'autre, et qui fût appuyé de l'indication détaillée de l'emploi. De là le compte de 1789. Tableau fidèle de la situation financière et administrative, il est accompagné d'un état de 201 pages, indicatif des attributions, des opérations, des recettes brutes, des produits nets, des taxations des compagnies, des régies, de leurs dépenses intérieures, soldées par l'Etat. Aujourd'hui un état aussi détaillé ne seroit pas moins volumineux, parce que quoique M. Necker ait dû réunir les nombreuses constitutions de rentes, annoncer leurs causes, les époques, celles des anticipations et des annuités, les intérêts des offices, objets qui n'existent plus, et depuis les honoraires accordés aux premiers dignitaires, jusqu'aux gages des moindres salariés, les bureaux des Administrations actuelles sont trente fois plus nombreux qu'en 1789, leurs ressorts et leurs opérations extrêmement compliqués. (1)

Le dernier mode est entièrement conforme aux intentions du Roi et aux dispositions de ses Ministres, exprimées par ce passage de l'exposé sur la situation des finances. « Le Budjet de l'Etat n'est pas complet, si une partie des « recettes et des dépenses en est séparée, si elles ne sont pas toutes portées dans « le vote de l'impôt, et s'il n'est pas rendu compte de leur produit et de leur « emploi. » Sous ce rapport, on ne peut s'empêcher d'observer que le Budjet de 1815 paroît incomplet, parce qu'il ne porte que le produit net des diverses contributions, et des biens corporels, sans faire aucune mention des dépenses personnelles, et d'autres particulières au gouvernement, que les adminis-

---

(1) Autrefois les Employés dans les Ministères, et par les Compagnies de finances soldés par le Roi, n'excédoient pas 400. Seroit-ce exagérer que de les porter aujourd'hui à 10,000 pour Paris seulement? Leur nombre est peut-être double.

trations et régies étoient et quelles semblent encore autorisées à compenser avec leurs recettes brutes. Ces lacunes éleveroient les dépenses et recettes effectives à plusieurs centaines de millions au-delà des résultats annoncés, et causeroient une série d'erreurs.

Relevé fait, d'après le compte de 1812, de l'Administration des finances (aujourd'hui dernier rendu) des dépenses administratives de 1815 , non portées sur les Budjets.

Des Postes (pag. 67)	15,053,710 fr.	
Des Loteries (pag. 65)	7,012,362	
De l'Administration de l'Enregistrement (pag. 43, 44 et 46)	20,377,042	53,433,971 fr.
De l'Administration Forestière (pag. 44) . .	6,707,997	
Des Sels (pag. 55)	4,282,860	
Cinq centimes par franc pour frais de perception des contributions directes portées à 340,000,000 francs, et autant pour les dépenses des communes		34,000,000
Fonds de non-valeurs, *idem*		9,442,000
Dépenses des Droits réunis et des Tabacs évaluées au taux de 22 pour cent sur un produit de 80 millions. C'est celui des dépenses administratives, calculées en masse (1).		17,600,000
Des douanes sur un produit de 33,180,000 fr. (2)		7,299,600
		121,775,571 fr.
Diminution de 12,331,053 fr. savoir de 10686,794 fr. sur les 53,433,971 fr., à cause des départemens séparés, est de 1,644,259 fr. à cause de la vente projettée des 300,000 hectares de bois, ci .		12,331,053 fr.
Total des dépenses administratives non portées dans les Budjets.		109,444,518 fr.

Avant les Rapports, j'avois déduit le quart des recettes générales ; l'appréciation du Ministre est du cinquième : j'ai dû m'y conformer.

---

(1) Je n'ai évalué les dépenses des Droits réunis et des Tabacs que sur un produit de 80 millions, parce qu'elles sont confuses dans le compte de 1812; mais elles sont plus considérables, car en 1811, un produit de 198,420,204 fr. de déduction faite des cautionnemens, a entraîné une dépense de 34,183,435 fr., non compris les frais de fabrication du tabac. En 1812, de 46,020,253 fr. (voir les pages 83 et 57 de ces deux comptes.

(2) Les Douanes ont coûté 28,865,013 fr, en 1811. En 1812, 33,029,975 fr.

La différence qui existe entre les dépenses ci-dessus et celles portées au tableau joint à mon 1er. Mémoire, vient de la diminution probable du produit et des frais des Douanes, des Droits réunis, et des sommes non portées dans les Budjets, mais payées par l'Administration de l'Enregistrement pour le compte du gouvernement. Je n'en parle pas dans mon nouveau calcul. Le premier a été fait sur le compte de 1811, alors le dernier rendu; celui-ci, sur le compte de 1812: cette année, suivant l'usage, les dépenses administratives ont beaucoup augmenté.

Recettes proposées par le Budjet de 1815.

Observations.

ARTICLE PREMIER. Contributions directes 540 millions, ci . . 340,000,000 fr.,
à quoi ajoutant 1°. 9,442,000 fr. pour le fonds
destiné aux non-valeurs, ci 9,442,000
2°. Dix pour cent sur ces deux sommes,
savoir : 5 centimes pour frais de recette et
autant pour les dépenses Communales (1), ci. . . 39,944,200 } 44,386,200 fr.

Total effectif des sommes demandées pour les contributions
directes de 1815. . . . . 384,386,200 fr.

La part de la contribution foncière seroit des quatre cinquièmes, car elle se composeroit de 275,411,000 fr. (Voyez l'Etat N°. 10, joint au rapport fait à Sa Majesté).

Des 9,442,000 fr. ci-dessus, et de 28,485,300 fr., formant le dixième de ces deux sommes. Total. 313,338,300 fr.

Dans lesquelles les 60 centimes de paix proposés par le Ministre, en remplacement des 34 existans avant 1813, entreroient pour 103,279,000 fr.

Mais l'Auteur des observations et éclaircissemens sur divers paragraphes de l'exposé de la situation des finances, a démontré que comme il n'existe aucune

---

(1) Page 23 du Rapport fait à Sa Majesté. « Les frais de perception devront être imposés en « sus, ainsi que les 5 centimes ordinaires pour dépenses communales, qui ne sont pas versés au « Trésor ».

Il a été dit autre part que les frais de perception seroient aussi de 5 centimes.

analogie entre la paix et la guerre, on augmenteroit de fait l'impôt de 57 millions, si, sous le prétexte de la campagne terminée dès le mois d'avril 1814, on ajoutoit en 1815, 26 centimes sur le foncier et 37 sur le personnel. Qu'il me soit permis d'ajouter que cette opération donneroit le funeste exemple de consolider une partie des impôts occasionnés par la guerre, et que d'ailleurs elle ne paroît pas nécessaire, puisque le même Rapport a proposé d'autres moyens pour liquider la presque totalité de l'arriéré.

Cependant pour motiver une demande aussi inattendue, il est dit dans le rapport fait à Sa Majesté; « que la contribution directe, singulièrement perfectionnée
« dans sa perception, a été recouvrée avec exactitude même dans les temps les plus
« malheureux, signe assuré d'un impôt approprié aux habitudes et aux facultés
« des contribuables ».

Ce raisonnement, qui tendroit à persuader que l'Administration impériale présentoit le système d'impôt le plus doux et le mieux réparti qu'il fût possible, trouvera beaucoup de contradicteurs. On lui opposera les preuves contraires données à chaque passage des exposés présentés à Sa Majesté et aux Chambres; les nombreuses réclamations élevées contre les Droits réunis et les Tarifs de l'Enregistrement; sous le rapport de la contribution foncière, le cadastre, les sommes qu'il a englouties, celles qu'il absorbera, ses combinaisons contraires à l'équité, les inégalités qu'il occasionne dans la répartition générale, celles qu'il perpétuera par ses fausses évaluations (1). Les ravages causés par les armées étrangères, les maladies épidémiques, les épizooties qui leur ont succédé; la détresse antérieure des cultivateurs, suite infaillible de tant de réquisitions d'hommes, d'argent, de chevaux, de bestiaux, de grains et de fourrages; celle des propriétaires atteints de toutes parts par l'impôt foncier, qui, dans les cantons cadastrés, enlève cette année près des trois cinquièmes du revenu net, les plus riches en biens-fonds éprouvent la misère, ou bien ils n'en sortent qu'en se grévant d'intérêts à neuf et dix pour cent; on lui opposera enfin 57,147,032 francs qui restoient en recouvrement le 31 décembre 1811, sur la contribution foncière; 63,919,344 fr., sur 1812; et près de trois millions dépensés pendant ces deux années en frais de poursuite restés à la charge du Gouvernement. (Voyez les pages 116, 118, 193 et 194 des comptes de l'Administration des finances de 1811 et 1812). On

---

(1) On travaille au cadastre depuis plus de huit ans; il coûte annuellement six millions; mais il n'est pas au sixième. On peut donc juger quel épouvantable gouffre il a ouvert.

se privoit du nécessaire pour échapper au droit d'exécution dont les Percepteurs sont investis.

Mais comment se persuader que la récolte qui s'ouvre fournira les moyens suffisans pour payer les 247,526,000 francs, qui, suivant le rapport fait au Roi, restoient dus le 1er. juillet sur la contribution foncière de 1814; 86,066,000 fr. pour les centimes de guerre, les fermages de cette année; 379,999,640 fr. pour la contribution de 1815, ces seconds fermages; le renouvellement des bestiaux de toute espèce, du mobilier de l'Agriculture des nombreuses Provinces qui ont été envahies, et celui à l'usage des Propriétaires; la préparation à la récolte de 1815; la réparation et reconstruction des fermes et maisons d'habitation; le service des intérêts dus avant l'envahissement et contractés depuis; la nourriture, l'entretien des Propriétaires et Cultivateurs, de leurs Familles, et l'éducation de leurs Enfans. Cependant l'abandon de la culture pourroit être la suite du découragement; car le sol est bientôt paralysé, lorsqu'on demande au-delà des produits qu'il peut donner (1).

L'impôt foncier fixé à 234 millions, et dégagé de toute espèce d'accessoires, ne seroit ni exagéré ni trop foible, parce qu'il reposeroit sur des bases certaines, savoir: les impositions qui, avant 1789, portoient sur les revenus, les accroissemens qui ont eu lieu dans les valeurs, la représentation de la dîme et la coopération des anciens privilégiés (2). Aussi il est extrêmement facile de démontrer qu'on n'a dépassé ce taux, que parce que les contributions indirectes ont été évaluées au-dessous de leurs produits constatés, ci . . . . 234,000,000 fr.

L'ancienne capitation taillable, et la taille personnelle qui étoient assises, d'après les moyens présumés et les loyers, ont été fondues dans la contribution foncière; ce qui n'empêche pas que les Propriétaires et Cultivateurs ne soient aujourd'hui soumis aux contributions personnelles et mobilières. Il y a donc, à leur égard, un double emploi qu'il est juste de faire cesser. La même exemption doit avoir lieu pour les Négocians. Au moyen des patentes, ils acquièrent le droit d'avoir des magasins et leur local particulier. Mais cet impôt ne sauroit être trop élevé à l'égard des personnes qui s'étudient à placer leurs capitaux de manière à contribuer le

---

(1) Personne n'ignore qu'une partie des biens-fonds est engagée pour le tiers, peut-être pour la moitié de sa valeur.

(2) Voir ces calculs, page 11 de mon premier Mémoire.

Ci contre	234,000,000 fr.
moins qu'il est possible aux charges sociales. Je l'évalue à trente millions assis de cette manière, ci	30,000,000 fr.
Impôt des portes et fenêtres, conformément au principal porté dans le Budget	14,181,000 fr.
Patentes, *idem*	16,187,000 fr.
Total de l'impôt foncier et des contributions directes présumé suffisant	294,368,000 fr.
Le Budget de 1815 les a portés à 340,000,000 fr. auxquels il faut ajouter 44,386,000 fr. Total 384,386,000 ci	384,386,000 fr.
Différence	90,018,000 fr.

ARTICLE DEUXIEME.

Enregistrement, Domaines et Bois.

Erreurs d'évaluation et observations.

Evaluation du Budget de 1815, 120,000,000 fr.

En 1811, l'Administration de l'Enregistrement et des Domaines a perçu une somme de 238,893,511 fr., comme je l'ai dit dans mon Mémoire; en 1812, 253,040,589 fr., revenant, année commune, à 245,967,150 fr., qui sont constatés par des preuves irrécusables, les comptes alloués de ces deux années, (pag. 68 et 47). Aujourd'hui il faut déduire, 1°. 20 millions à-peu-près, provenant spécialement de départemens séparés et d'autres recettes qui n'auront plus lieu, 2°. 45,193,430 fr. pour le cinquième des 225,967,150 fr. restans, ce qui porte le produit commun à 180,773,720 fr. On ne voit donc pas pourquoi le Budget de 1815, ne l'a évalué qu'à 120 millions.

Ci première erreur (1) . . . . 60,773,720 fr.

---

(1) Avant 1789, les bois du Roi formoient un ensemble d'un million d'arpens. (Voyez page 53, du rapport de 1781 de M. Necker.) Ceux appartenans autrefois au clergé les ont portés à 3 millions, auxquels il faut ajouter 7 à 800,000 arpens destinés à être rendus aux anciens propriétaires : le tout a produit 41,744,455 en 1806 : 49,076,978 fr. en 1807 : 51,141,307 en 1808 : 51,938,226 en 1809 : 50 millions en 1810 : en 1812, 38,126,647. (Voir états, n° 2, et pag. 49 des comptes de l'administration des finances.) En paiement du prix des bois et des contributions directes, cha-

De l'autre part . . . . 60,773,720 fr.

ARTICLE TROISIEME.

Direction des Contributions indirectes

Le Budget de 1815 laisse subsister les tarifs des Sels, Tabacs, des Droits-Réunis et des Douanes, il évalue leur revenu à 130 millions.

Cette somme paroît bien foible, comparativement aux produits antérieurs à 1789 et à ceux de 1811 et de 1812; mais comme tous reposent sur des bases authentiques, le tableau de M. Necker, et les comptes de ces deux années, il faut comparer leurs divers résultats.

Douanes. Les Douanes connues avant 1789, sous la dénomination de droits de traite, étoient comprises dans le bail de la ferme générale pour 28,440,000 fr. (p. 3, du compte de M. Necker de cette année.)

En 1811, leurs produits bruts se sont élevés à 108,230,317 fr.

que dernier trimestre, les Receveurs-Généraux fournissent leurs obligations de mois en mois, le prix des bois y est compris pour 36 millions; mais dans le semestre suivant, lorsque toutes les ventes sont terminées, on leur fournit un état supplétif de celles qui ont eu lieu au delà. Il varie ordinairement entre 5 et 9 millions, dont ils font de nouvelles obligations. Ainsi le produit [des bois, avant les restitutions, devoit être évalué année commune à 43,500,000 fr., les restitutions l'ont réduit d'un cinquième, c'est-à-dire, à 34,800,000 fr.

Mais par un revirement bien étrange, et qui prouve à quelle prodigalité les revenus publics étoient livrés, les Directeurs des Domaines reçoivent et transmettent sans les endosser, les traites des marchands qui sont faites à l'ordre des Receveurs-Généraux. Pour cette commission, les Directeurs font une retenue de cinq pour cent. C'est aussi par suite de ce revirement que leur Administration étant censée recevoir le prix de ces ventes, les porte dans son compte, quoiqu'il soit payé directement par les marchands aux Receveurs-Généraux, et par ceux-ci au Trésor. La conséquence immédiate est 1,800,000 fr. ou deux millions peut-être qu'il faut ajouter aux dépenses forestières qui s'élèvent d'ailleurs à 6,700,000 fr.

Cependant le Budget n'évalue le produit des bois qu'à 12 millions.

Il faut également remarquer que lorsqu'ils produisoient 49, 50 et 51 millions les dépenses administratives coûtoient 5,400,000 fr. En 1811 et 1812 le revenu a diminué et les dépenses portées à 6,700,000 fr. ont augmenté à-peu-près dans la proportion inverse.

Ci-contre . . . . 60,773,720 fr.

En 1812, l'augmentation a été de 1,248,671 francs, ainsi année commune 108,854,652 fr., revenant à 87,085,722 fr. pour la France actuelle (voyez les pages 74 et 52 de ces comptes). Mais comme la séparation des départemens qui avaient été réunis et la paix ont changé le système de cet impôt, pour connoître le revenu raisonnable dont il est susceptible, il faut se borner à ajouter un sixième au produit ancien, conformément à la base que j'ai indiquée dans mon Mémoire, et qui paroît avoir été adoptée pour la dépense. Suivant ce calcul le produit des douanes seroit de 33,180,000 fr.; le Budjet de 1815 ne le porte qu'à 20 millions; erreur d'évaluation 13,180,000 fr., ci . . . . 13,180,000 fr.

Sels. Le Budjet évalue les droits sur les sels à 30 millions. Avant 1789, affermés 58,560,000 fr., sous le nom de gabelles, ils faisoient partie du bail de la ferme générale (page 3 du compte de M. Necker.)

En 1811, ils ont donné 48,010,160 fr.

En 1812, 54,489,298 fr.

Revenant année commune à 51,249,729 fr., et pour la France à 40,999,824 fr. (pages 76 et 54 des comptes de ces années), il est donc constant que cette dernière évaluation n'est pas exagérée, mais que celle du Budjet présente une erreur de 10,989,784 fr., ci. . . . . 10,989,784 fr.

Tabacs. Ils faisoient partie du bail de la ferme générale, moyennant 27 millions (page 3, du compte de 1789).

Etablis en régie en 1811, ils n'ont produit que 29,668,371 fr., parce que le fond d'approvisionnement, l'acquisition des ustensiles, du mobilier, des magasins, la construction des ateliers ont absorbé une partie des bénéfices; mais, quoiqu'ils aient été diminués de nouveau en 1812 de 18,801,527 fr. pour des premières mises de fonds, ils se sont élevés net à 72,173,479 fr., qui doivent servir au moins de régulateurs pour l'évaluation des années sui-

84,943,504 fr.

De l'autre part.	84,943,504 fr

vantes (voir page 63, du compte de 1812, de l'Administration des finances). Cette somme revient à 57,738,784 fr. pour la France, et à raison du doublement du prix du tabac, elle correspond parfaitement avec le produit antérieur à 1789.

Ce revenu portant sur des bases aussi certaines, et sur un objet de luxe et de goût particulier, il est difficile de concevoir comment le Budjet en le réduisant à 25 millions, lui fait éprouver une diminution de 32,738,784 fr., sans modifier les prix, et sans aucun motif pour les réduire ; ci erreur d'évaluation. . . . . .   32,738,784 fr.

Droits réunis. Le Budjet leur donne la dénomination de droits sur la consommation, et porte leur produit à 55 millions.

Avant 1789, cette régie produisoit 50,220,000 francs les droits des quatre membres de la Flandre maritime 823,000 francs, Total 51,430,000 fr. (page 5, de l'état de M. Necker).

En 1811 et 1812, les sommes perçues sur la France à raison de l'impôt dont il s'agit, ont donné, année commune, un revenu de 120,000,000 fr., avec les droits étrangers aux boissons que la régie est chargée de recevoir (voyez pages 82 et 56, des comptes de l'Administration des finances); mais réduisons ce revenu à 80,342,411 fr., il en résultera comparativement aux 55 millions portés dans le Budjet, une erreur d'évaluation de 25,342,411 fr., en supposant que la nouvelle régie soit chargée de la perception des autres objets dont je viens de parler. Réunis aux produits de 1789, qui étoient de 51,430,000 fr., comme on a vu ci-dessus, ils formeroient à-peu-près le même résultat de 80,342,411 fr. ; nouvelle preuve que mon appréciation est exacte.

Cette manière d'évaluer les produits, d'après ce qu'ils ont donné pendant des périodes différentes, je veux dire avant et depuis le changement de système, est plus certaine que le relevé de recettes faites pendant les trois premiers mois de 1814, lorsque l'étranger s'emparoit des caisses et que les agens du fisc étoient dispersés par la terreur.

117,682,288 fr.

Ci-contre. . . . . 117,682,288 fr.

Depuis 1789, les tarifs ont été augmentés d'un tiers, quelques-uns du double. Cependant l'erreur d'évaluation, est de 25,342,411 fr. (1), ci. . . . . 25,342,411 fr,

Article quatrième.

Postes, Loteries et Recettes diverses.

Ces revenus sont les seuls dont le produit ait diminué en 1812, comparativement à 1811 et même à 1789, mais à l'instant même où la diminution avoit lieu, les droits sur les ports de lettres étoient doublés et les dépenses même étrangères aux services extraordinaires

                 143,024,699 fr.

(1) Recettes étrangères aux boissons (page 82 du compte de 1811.)
Tabacs; droits de 11 et 13 décimes.	8,897,365 fr.
Sels.	6,600,983 fr.
Dix pour cent des octrois.	4,816,786 fr.
Canaux du centre et des étangs.	447,046 fr.
Dixième du prix de transport des marchandises.	586,889 fr.
Voitures publiques, décimes compris.	2,168,076 fr.
Matières d'or et d'argent, décimes compris	1,139,447 fr.
Cartes, décimes compris.	737,520 fr.
Timbre.	1,148,135 fr.
Amendes.	386,141 fr.
Recettes diverses, papier filigrané, etc.	194,647 fr.

DROITS SPÉCIAUX.

Navigation intérieure (page 56, du compte de 1812).	4,426,933 fr.
Bacs et passages d'eau.	1,335,080 fr.
	32,885,048 fr.
Déduction du 5ᵉ.	6,577,009 fr.
Reste	26,308,039 fr.

(14)

De l'autre part . . . . 143,024,629 fr.

augmentoient considérablement. (Voyez pages 79 et 67, des Comptes de 1811 et 1812, de l'Administration des Finances).

Avant 1789, la Ferme des Postes produisoit 14 millions, ci . . . . 14,000,000 fr.

La Régie des Loteries, (pages 4 et 7 du Compte de 1789.) . . . . 12,000,000 fr.

TOTAL. . . . . 26,000,000 fr.

On est d'autant plus fondé à regarder ce résultat comme devant être au moins celui de 1815, que le doublement des ports de lettres continuera, et que les services extraordinaires n'ayant plus lieu, viendront en accroissement des produits. En 1812, ces services se sont élevés à 4,722,717 fr. . . . .

ci. . . . . 26,000,000 fr.
Salines de l'Est, (page 91 du compte de 1811). 3,827,922
Recettes accidentelles, année commune. . . . 3,000,000
Monnoies 1,000,000
Poudres et Salpêtres. 500,000

Total du produit des postes, loteries et des recettes accidentelles, etc. 34,327,922
Somme portée au Budjet 28,000,000

Erreur d'évaluation. . . . . 6,327,922 ci   6,327,922 fr.

149,352,621 fr.

Dépenses.

SUITE DES OBSERVATIONS.

Guerre et dette publique.

Evaluation du Budjet. . . . . 300,000,000 fr.

Dans cette somme sont compris 20,370,000 fr. de

149,352,621 fr.

Ci-contre. . . . . 149,352,621 fr.
pensions; 14,330,000 de rentes viagères; 34,250,000 de traitemens de réforme et de soldes de retraite. Total 68,950,000 fr., lesquels, avec les pensions du sénat, diminueront suivant toutes les probabilités, de 12,066,251 fr. en 21 mois, c'est-à-dire, du 1er. avril 1814, jusqu'au 1er. janvier 1816. Ces extinctions devroient être portées sur le revenu. Elles ont été omises; ci. . . . . 12,066,250 fr.

Les rapports faits à Sa Majesté et aux Chambres, ont fixé à 132 millions les biens des communes vendus et à vendre; à 222 millions les capitaux dus par la Caisse d'amortissement, et à 1,300,000,000 fr. l'arriéré des divers ministères. Les intérêts sont dus, le Budjet de 1815 ne parle que de 8 millions; il faut ajouter le surplus, ou déduire le revenu des biens destinés à être vendus. Les deux premières sommes montent à 354 millions. Transportées sur le grand livre à raison de 5 pour cent, elles l'augmenteroient d'un intérêt de 17,700,000 fr. indépendamment des arrérages échus et à échoir jusqu'à la transcription. Les 8 pour cent promis pour l'arriéré exigible, entraîneront une nouvelle charge de 104 millions, mais 8 millions sont portés sur le Budjet pour les cautionnemens; et d'après les renseignemens fournis page 35 du Rapport présenté à Sa Majesté, on peut évaluer à 4 autres millions le revenu des biens des communes; ainsi l'omission est de 109,700,000 fr. ci . . . . 109,700,000. fr.

Total des erreurs d'évaluations et omissions. . . . . 270,118,871 fr.

Dans cette somme 161,418,871 fr. sont le résultat de fausses évaluations de l'impôt indirect; j'ai donc eu raison de dire qu'elles étoient la cause de la demande en consolidation des centimes de guerre et des autres surcharges sur le foncier, le personnel et le mobilier.

Deuxième erreur. Les Budjets seroient incomplets, puisque les frais administratifs n'en feroient pas partie et qu'ils n'énonceroient pas la totalité des sommes payées par les contribuables. Ce voile jeté à dessein par le gouvernement impérial, servoit également à couvrir d'autres dépenses de l'Etat, non-portées dans les Budjets. Notre gouvernement constitutionnel, franc et loyal, s'empressera de faire justice de semblables subterfuges.

Troisième erreur. L'emploi des excédans ne seroit pas déterminé. On ne pourra pas y toucher sans l'aveu des Chambres. Cependant ils ne resteront pas en caisse pendant dix-huit mois.

Il résulte des observations ci-dessus, que les sommes qui seroient perçues à titre de recettes brutes et nettes, en conséquence du projet de Budjet de 1815, monteroient à 952,277,071 fr., au lieu de 618 millions, savoir :

Contributions foncières	540,000,000 fr.
Centimes additionnels et fonds pour les non-valeurs	44,386,200
Enregistrement, timbre, bois, etc.	180,773,720
Douanes	33,180,000
Sels	40,989,784
Tabacs	57,738,784
Droits réunis	80,342,411
Postes et Loteries	49,968,732
Salines de l'Est	3,827,922
Recettes accidentelles	3,000,000
Monnoies	1,000,000
Poudres et Salpêtres	500,000
Extinctions présumées en 1815	7,125,000
Dépenses des Régies et Administrations non-portées dans les Budjets	109,444,518
TOTAL ÉGAL	952,277,071 fr.

Il seroit possible que cette somme reçût des augmentations assez considérables des Douanes et des Droits réunis, si leurs tarifs restoient les mêmes qu'en 1812, car dans cette hypothèse, il est plus que vraisemblable qu'ils produiraient les mêmes résultats, tandis que j'ai supposé des réductions, comme je l'ai expliqué, en donnant l'historique de ces droits.

La France dont les moyens industriels sont paralysés, qui est sans commerce, dépourvue d'argent en circulation, de signes représentatifs, réduite à ses ressources agricoles, et dans un état d'inertie et d'affaissement absolu, ne peut pas supporter une recette aussi immense, quelque dénomination qu'on lui donne. Supérieure à celle de l'Angleterre qui l'emporte autant sur nous en économie intérieure qu'en prospérité et en puissance, elle excéderoit de plus de 200 millions la dépense du Gouvernement français antérieure à 1789, quoique les événemens aient diminué de près de quatre milliards les capitaux dus à cette époque. Cette excessive recette seroit occasionnée par l'accroissement incroyable que les dépenses civiles et administratives ont pris depuis 1789. Le tableau comparatif joint à mon premier Mémoire, a démontré que sous le dernier Gouvernement, elles s'élevoient pour la France à 271 millions, tandis que sous le Gouvernement royal elles n'avoient pas excédé 78 millions. Suivant l'organisation actuelle, elles monteroient à 248 millions, indépendamment des dépenses intérieures des affaires étrangères, de la guerre et de la marine qui sont vraisemblablement comprises dans les Budjets de ces ministères (1).

Les Chambres appelées à voter l'impôt, examineront le système administratif sous ses différens rapports.

Elles vérifieront si ce qui existoit il y a vingt-cinq ans est devenu impossible en 1815 avec les modifications nécessitées par la différence des temps, et même en employant les Chefs des Administrations actuelles, et une partie des personnes qui sont sous leurs ordres ;

Si, parce que les réformés souffriroient jusqu'à ce qu'ils eussent pris un état différent, peut-être plus avantageux, il est juste que la France reste surchargée de 248 millions ; l'influence qu'une somme aussi puissante auroit sur le commerce, l'agriculture, l'industrie, la circulation, le bonheur individuel, et ce que la reconnoissance ajouteroit à l'attachement.

(1) Chancellerie. . . . . 20,000,000 fr.
    Police générale. 1,000,000
    Intérieur. 85,000,000
    Finances 23,000,000
    Frais de négociation. 10,000,000
    Dépenses des Régies et Administrations non portées dans les Budjets. 109,444,518

                                                                                                     248,444,518

Enfin si ce système peut s'allier avec un Gouvernement représentatif. Imaginé sous le gouvernement impérial, afin que l'action et la réaction du pouvoir fussent perpétuelles, et que les décrets émanés du caprice, ou de la cupidité, reçussent une exécution aussi prompte qu'aveugle, il avoit établi au sein de la France même une espèce d'Empire ministériel, entouré par cette foule d'Administrations et ces légions d'employés dont le sort dépendoit des Ministres.

Les erreurs d'évaluation des contributions indirectes rectifiées ; les contributions foncières, personnelles et mobilières diminuées de 98,018,000 fr. ; l'impôt dégrevé des dépenses administratives exagérées, le revenu encore montant à 750 millions, donneroit les moyens de réduire tous les droits et particulièrement les tarifs de l'enregistrement. Ce sont les seuls qui n'aient pas été diminués dans mes calculs.

Moyens extraordinaires proposés par le Budjet de 1815, pour l'Acquittement des Dépenses antérieures au 1er. Avril 1814.

Observations.

Deux moyens sont appelés à l'acquittement de l'arriéré : des inscriptions sur le grand livre: des obligations sur le trésor royal, à ordre, payables à trois années fixes de la date des ordonnances, et portant un intérêt de 8 pour cent.

Le produit de la vente de 300,000 hectares de bois de l'Etat, le produit des ventes des biens des communes, de ceux de la Caisse d'amortissement, et une somme de 70 millions sont spécialement affectés au payement et à l'amortissement des obligations.

La dette constituée est modique ; les propriétés forestières de l'Etat montent à 4 millions d'arpens ; on propose de porter sur le grand livre le prix des biens des communes, et les sommes dues par la caisse d'amortissement, la raison veut que le grand livre, les bois et les autres objets acquittent l'arriéré exigible. Mais par quel motif, sous le prétexte de cette même dette, grever l'impôt de 1815 de soixante-dix millions, et au moyen de la consolidation des centimes de guerre sur le foncier, les faire supporter par les propriétaires et les cultivateurs dont au commencement de 1814, les propriétés mobilières et immobilières étoient ravagées par l'étranger? La somme est immense sous le rapport de leur détresse et de la misère générale; comparativement aux 900 millions, au milliard ou aux 1300 millions de l'arriéré exigible; ce n'est qu'une chétive fraction.

A-t-on eu intention d'ajouter à la sûreté du gage? 3 millions d'arpens, et les autres objets suffisoient complètement.

Les 70 millions sont-ils destinés à coopérer à l'acquittement? non, car les exposés présentés au Roi et aux Chambres annoncent franchement qu'ils serviroient à jouer sur place. Au profit de qui? du gouvernement? Entouré chaque année des moyens qui lui sont nécessaires, des bénéfices accompagnés de beaucoup de larmes, seroient contraires à sa dignité.

Mais dans trois ans, lorsque cette somme ne sera plus utile, à qui sera-t-elle remboursée, qu'elle soit ou non perdue; avec quel intérêt? ou bien déversée indistinctement sur tous les contribuables avec les bénéfices s'il y en a, viendra-t-elle en déduction de l'impôt général? mais dans cette hypothèse même l'opération ne seroit autre chose qu'un emprunt forcé, malgré la misère actuelle.

Ces préliminaires examinés, toutes les espérances se portent vers les effets destinés à servir de signes représentatifs dont nous avons tant besoin.

Dans notre jurisprudence, on connoît des transports de priviléges, d'hypothèques; des délégations de sommes; des cessions d'effets par un simple ordre, parce qu'entraînant dessaisissement et transmission de propriété, le droit du cessionnaire est établi directement vis-à-vis du débiteur; mais on ne conçoit pas d'affectation spéciale sur des sommes que le cédant se réserve le droit de toucher. Effectivement il y auroit contradiction et peu de sûreté.

C'est néanmoins à ce dessaisissement, à cette transmission absolue de propriété, à ce rapport direct entre le cessionnaire et le débiteur, et encore à la spécialité du gage qu'il faut attribuer les heureux succès des délégations sur les acquéreurs des biens de l'Etat cédées en vertu de la loi du 26 vendémiaire an 7. Réunissant aux facilités des effets de commerce toutes les sûretés d'usage; garanties subsidiairement par le gouvernement, mais soustraites à son influence, elles ont été plus recherchées que les obligations particulières; aussi il n'y a pas de doute que de semblables titres sur les acquéreurs des bois de l'Etat, et des biens des communes, répandus sur la place dans une quantité de 5 à 600 millions, serviroient de signes représentatifs, sans avoir besoin d'un intérêt exagéré, si on avoit d'ailleurs la certitude qu'ils ne fussent pas exposés à un jeu de place, soutenu par des monceaux d'or et d'argent.

Mais les 8 pour cent proposés par le projet de loi, ne seroient pas plutôt accordés qu'ils deviendroient le taux général ; le démon de l'agiotage sortant aussitôt du sommeil où il est plongé depuis quelques mois, s'empareroit de tout ce qui paroîtroit sur la place. Les capitalistes, classe ombrageuse, resserreroient plus que jamais leur argent; l'industrie, l'agriculture et le commerce qu'il auroit fallu revivifier, mais qui ne pourroient pas supporter un intérêt aussi excessif seroient totalement anéantis. De-là de nouvelles faillites, la misère générale, et néanmoins le surhaussement de tout ce qui compose les dépenses habituelles, jusqu'à ce que l'équilibre, rétabli par la force des circonstances, laisseroit à découvert les fortunes immenses des joueurs habiles et de ceux qui auroient eu de grands capitaux à leur disposition. (1)

La situation de la France n'exige pas cependant de combinaisons extraordinaires dans cette circonstance. Soixante-cinq mille hectares de bois ajoutés aux 500 mille dont la vente est proposée, complètent les moyens nécessaires pour liquider l'intégralité de la dette arriérée exigible, et dégager l'impôt (2).

D'autre part, une masse d'obligations de 5 à 600 millions, productives du même intérêt que celles de vendémiaire an 7, (cinq pour cent), et constamment au pair, forceroient les Capitalistes à rendre leur argent à la circulation; car, quelle place auroit vu des effets qui méritassent plus de confiance?

Le Gouvernement et les Chambres libres de commencer, dès 1815, l'amortissement de la dette constituée, avec un excédant de 65 ou 70 millions, n'auroient plus à s'occuper que de ramener le système administratif, et les autres dépenses civiles, à un mode plus économique. Ce sont effectivement les seules parties qui soient susceptibles d'une grande économie; elle pourroit s'élever au moins à 100 millions. Cette somme, jointe aux 90,018,000 fr. dont la contribution foncière seroit dégrevée, formeroit entre les mains des Contribuables une réserve inconnue

---

(1) La valeur de tout effet public est déterminée par la confiance, le taux de l'intérêt (hors les circonstances qui font soustraire l'argent à la circulation) par la quantité de numéraire libre, et son rapport avec les besoins. Il n'existeroit plus aucune fortune mobilière, excepté en Angleterre, si leur sort dépendoit des opérations financières des gouvernemens. Celles qui pèsent sur nous depuis un an ont fait resserrer l'argent. Il y a quinze mois il étoit à 4 et demi en banque, à 5 chez les notaires, tandis que les inscriptions perdoient 25 et 30. Ainsi calculer l'intérêt dû aux créanciers de l'État d'après le prix auquel ils pourroient se procurer tel effet public, est un calcul erroné, mais surtout bien dangereux. L'intérêt légal est celui auquel ils ont droit.

(2) La différence entre 2,400,000 arpens, ou 2,325,000, n'est rien comparativement à l'importance d'une séparation bien prononcée entre l'impôt et la dette flottante. Si cette séparation n'existe pas, le désordre et la confusion seront la conséquence des imputations respectives.

depuis long-temps, mais sans laquelle la richesse des Gouvernemens est illusoire, quelles que soient leurs combinaisons financières (1).

Après avoir légalisé la recette de 1814, les Chambres pénétrées du sentiment de leur devoir et de l'idée qu'elles vont disposer des foibles moyens d'un peuple long-temps écrasé de surcharges par le dernier Gouvernement, mais qui cesseroit bientôt d'exister comme nation, si la soumission aux lois n'étoit pas générale, prendront le temps nécessaire pour examiner les élémens de l'impôt de 1815. Il mérite toute leur attention, soit qu'on le considère comme commençant une nouvelle ère, ou comme le plus immédiatement rapproché des désastres que nous venons d'éprouver. Les Chambres savent d'ailleurs que le gage assuré de l'ordre est le bonheur, mais qu'il est incompatible avec des contributions qui enleveroient les ressources du sol et paralyseroient l'industrie : enfin que la modération des droits fiscaux étant le moyen le plus certain d'augmenter leurs produits, comme il est dit dans l'exposé présenté à Sa Majesté, ce seroit doublement se mettre en contradiction avec ce sage principe, que de surtaxer le foncier dans la crainte, (un excès de sollicitude pourroit également l'éprouver chaque année) que les droits indirects ne donnassent pas des sommes suffisantes, et néanmoins de laisser exister leurs tarifs exagérés (2).

FORMÉ,
Ancien Payeur des Rentes.

---

(1) On peut regarder un peuple comme incapable de résister à la moindre contrariété produite par les événemens, lorsqu'en temps de paix, et dénué de commerce, son agriculture est tellement surchargée, que le Gouvernement lui-même avoue qu'il n'est plus possible d'ajouter à l'impôt. (Voyez le rapport fait à Sa Majesté.)

L'exportation des grains, si incertaine dans ses combinaisons, et si délicate à cause des événemens de long cours qui sont indépendans des hommes, devient d'autant moins susceptible de modifications dont on soit le maître, lorsqu'elle a pour objet, non pas d'aider le Cultivateur, mais de donner plus de valeur au grain, afin de lui faire supporter une sur-taxe.

(2) L'opinion générale ayant réduit l'arriéré exigible à 700 millions, plusieurs personnes ont pensé que la vente des forêts seroit inutile, et qu'il suffiroit de porter 35 millions de rentes sur le grand Livre, sauf à éteindre annuellement une portion du tout. On n'a pas fait attention aux événemens qui rendent le système d'amortissement si incertain, et qui, tant qu'il ne sera pas changé, se multiplieront à raison de la masse à éteindre. Demander néanmoins que le grand Livre ou l'impôt soit augmenté, c'est la même chose, et se mettre en contradiction avec soi-

même, lorsqu'on convient que les contributions au taux où elles sont portées, sont destructives des ressources nationales auxquelles nous sommes réduits. Mais 700 millions provenant de la vente de biens-fonds ne représenteroient peut-être pas 15 millions de revenus à cause de la multiplicité des convenances et de la réduction proportionnelle des dépenses administratives. Celles-ci sont immenses, comme on a vu. Cependant, sous d'autres rapports, ce mode de gestion ne seroit-il pas séduisant pour des acquéreurs ? En effet, il ne faut pas se flatter, dit M. Necker, dans le préambule de son compte de 1781, « qu'une Administration étendue aille jamais de pair avec « un propriétaire que l'intérêt tient sans cesse éveillé, et qui n'est obligé qu'à une surveillance « proportionnée à ses forces ». S'il faut remarquer ces circonstances, il ne faut pas perdre de vue surtout que la situation de la France exige qu'on trouve les moyens de rétablir la circulation de l'argent, ou qu'on lui substitue un signe représentatif. Des rentes attaquées dès leur origine, autrefois immeubles fictifs, en tout temps fonds aliéné, n'ont aucun des caractères compatibles avec des effets de circulation. Où donc les rencontrer, sinon dans des obligations converties en bons, et présentant toutes sûretés. Cette impérieuse nécessité semble exiger que tous les porteurs de titres antérieurs à 1789 soient remboursés uniformément. D'ailleurs si on leur laisse l'option, comment connoître la quantité d'effets qui devra être émise, ou fermer la bouche à la calomnie ? J'ajoute une autre considération ; lorsqu'il sera décidé que les remboursemens auront lieu en obligations, il n'y aura plus de motifs pour faire des rapprochemens avec la valeur des inscriptions, ni pour songer à un intérêt de 8 pour cent. Concluons encore qu'il seroit à désirer qu'on multipliât de préférence les ventes près Paris ; elles seroient plus avantageuses à raison de la plus grande valeur des bois, et parce que des titres sur des biens, rapprochés du centre des affaires, seroient plus recherchés.